Todos los libros de Linkgua Ediciones cuentan con modelos de Inteligencia Artificial entrenados por hispanistas. Pregúntale al chat de tu libro lo que desees acerca de la obra o su autor/a.

Para **ebooks**: Accede a nuestro modelo de IA a través de un enlace.

Para **libros impresos**: Escanea el código QR de la portada con tu dispositivo móvil.

Obtén análisis detallados de nuestros libros, resúmenes, respuestas a tus preguntas y accede a nuestras ediciones críticas generativas para una experiencia de lectura más enriquecedora.
La transparencia y el respeto hacia la autoría de las fuentes utilizadas son distintivos básicos de nuestro proyecto. Por ello, las respuestas ofrecen, mediante un sistema de citas, las fuentes con las que han sido elaboradas.

Autores varios

Cronología de los reyes españoles

Barcelona 2025
Linkgua-ediciones.com

Créditos

Título original: Cronología de los reyes españoles.

e-mail: info@linkgua.com

Diseño de cubierta: Michel Mallard.

ISBN rústica ilustrada: 978-84-9007-165-6.
ISBN tapa dura: 978-84-9953-959-1.
ISBN ebook: 978-84-9897-618-2.

Sumario

Siglo V

En el siglo V, la península ibérica experimentó una serie de cambios y desafíos que afectaron a los distintos reinos y grupos que la habitaban.

409-428 Desde el **409** hasta el **428**, Gunderico lideró el Reino Alano en una época de turbulencia y cambios en la región. Los alanios, un pueblo nómada de origen iranio, enfrentaron diversas tensiones durante este periodo.

409-438 En el Reino Suevo, gobernado por Hermerico desde el **409** hasta el **438**, se vivieron tensiones internas y desafíos mientras la región se transformaba.

410-415 En el Reino Visigodo, Ataúlfo desempeñó un papel importante desde el **410** hasta el **415**. Durante su reinado, los visigodos se involucraron en el escenario político y militar de la península.

415 El **415** marcó un breve gobierno de Sigerico en el Reino Visigodo, un periodo de cambios y tensiones en la región.

415-418 Desde el **415** hasta el **418**, Valia asumió el trono del Reino Visigodo en medio de tensiones y desafíos en la península ibérica.

418-451	Teodorico I, reinando desde el **418** hasta el **451**, afrontó desafíos y conflictos internos mientras lideraba el Reino Visigodo en una etapa de transformación en la región.
428-477	Por otro lado, el **429** marcó el viaje de Genserico, rey de los vándalos, hacia África, un evento que dejó una marca duradera en la historia de la península.
438-448	En el **438**, Requila asumió el poder en el Reino Suevo, enfrentando tensiones y desafíos en un tiempo de cambios en la península.
448-456	Requiario gobernó el Reino Suevo desde el **448** hasta el **456**, enfrentando luchas internas y cambios en el reino.
451-453	El **451** marcó el comienzo del reinado de Turismundo en el Reino Visigodo, un período de desafíos y tensiones políticas en un momento crucial.
453-466	Desde el **453** hasta el **466**, Teodorico II lideró el Reino Visigodo, enfrentando desafíos y luchas internas en la península ibérica.
456-457	Aguiulfo reinó desde el **456** hasta el **457** en el Reino Suevo, en medio de tensiones y desafíos en la región.

456-457 En el Reino Suevo del Sur, Maldras asumió el trono en el **456**, enfrentando desafíos y luchas en su territorio durante su breve reinado.

457-459 Frantán, gobernando el Reino Suevo del Norte desde el **457** hasta el **459**, lideró en un período de tensiones y cambios en la península ibérica.

459-463 Frumario asumió el poder en el Reino Suevo (también conocido como Reino Suevo de Gallaecia, actuales Galicia, Asturias y León en España, y el norte de Portugal), desde el **459** hasta el **463**, enfrentando tensiones en una región en plena transformación política.

459-463 Requimundo lideró el Reino Suevo del Norte desde el **459** hasta el **463**, en un momento de conflictos y cambios en la península.

459-469 Remismundo gobernó el Reino Suevo desde el **459** hasta el **469**, en un período de desafíos y cambios en la región.

466-484 Eurico lideró el Reino Visigodo desde el **466** hasta el **484**, enfrentando desafíos políticos y militares mientras consolidaba su poder.

469-550 Teodemundo reinó en el Reino Suevo desde el **469** hasta el **550**, en un período de cambios y tensiones en la península.

477-484	Desde el **477** hasta el **484**, Hunerico lideró el Reino Alano, enfrentando desafíos y conflictos en un momento crucial para su pueblo.
484-496	Guntamundo asumió el poder en el Reino Alano desde el **484** hasta el **496**, gobernando en un tiempo de tensiones y cambios en la península ibérica.
484-507	En el Reino Visigodo, Alarico II reinó desde el **484** hasta el 507, liderando en un momento de tensiones y desafíos en su reino.

Siglo VI

En el siglo VI, la península ibérica continuó siendo escenario de cambios políticos y tensiones en los diferentes reinos.

496-523 Desde el **496** hasta el **523**, Trasamundo gobernó el Reino Alano, enfrentando desafíos y cambios en un período de transformación.

507-510 Gesaleico, rey del Reino Visigodo, asumió el trono desde el **507** hasta el **510**, en un tiempo de tensiones internas y cambios políticos en la región.

510-526 Teodorico I el Grande, gobernando el Reino Visigodo desde el **510** hasta el **526**, dejó su huella en la historia de la península, enfrentando desafíos y consolidando su poder.

523-530 Hilderico, rey del Reino Alano, lideró desde el **523** hasta el **530**, enfrentando desafíos y tensiones en un tiempo de cambios políticos y sociales en la península.

526-531 Amalarico, monarca visigodo, gobernó desde el **526** hasta el **531**, liderando en un momento de tensiones internas y luchas por el poder.

530-534 Gelimer, líder del Reino Alano, lideró desde el **530** hasta el **534**, enfrentando desafíos y conflictos en un tiempo de transformación en la península ibérica.

531-548 Teudis, rey visigodo, enfrentó cuestiones políticas y tensiones en el **531** y lideró en una época de cambios y desafíos en la península.

548-549 Teudiselo, con un breve reinado desde el **548** hasta el **549**, enfrentó desafíos y tensiones en un momento de cambios en el reino.

549-555 Agila, gobernando desde el **549** hasta el **555**, enfrentó luchas internas y tensiones políticas en el Reino Visigodo.

550-559 En el Reino Suevo, Karriarico lideró desde el **550** hasta el **559**, en un momento de cambios y desafíos en la península.

559-570 Teodomiro, rey del Reino Suevo, gobernó desde el **559** hasta el **570**, enfrentando desafíos y tensiones en un tiempo de transformación en la región.

567-572 Desde el **567** hasta el **572**, Liuva I fue monarca visigodo, liderando en una época de tensiones y desafíos en su reino.

568-586 Leovigildo, rey visigodo desde el **568** hasta el **586**, enfrentó desafíos políticos y militares en un tiempo de cambios y tensiones en la península ibérica.

570-583 Miro, rey del Reino Suevo, gobernó desde el **570** hasta el **583**, en un período de transformaciones y desafíos en la península.

583-584 Eborico (también conocido como Eurico), gobernó el Reino Suevo desde el **583** hasta el **584**, enfrentando tensiones y cambios en el Reino Suevo.

584-585 Andeca, el último rey suevo, enfrentó desafíos y tensiones en el año **584**, en un momento en que el Reino Suevo llegaba a su fin, siendo depuesto por Leovigildo.

Siglo VII

El siglo VII vio más cambios y tensiones en la península ibérica.

586-601 Desde el **586** hasta el **601**, Recaredo fue rey visigodo, liderando en un período de transformación religiosa y política en la región.

601-603 Liuva II gobernó el Reino Visigodo desde el **601** hasta el **603**, enfrentando desafíos internos y tensiones en un momento crucial.

603-610 Viterico, rey visigodo desde el **603** hasta el **610**, gobernó en un tiempo de cambios y tensiones políticas en la península ibérica.

610-612 Gundemaro, monarca visigodo desde el **610** hasta el **612**, enfrentó desafíos y tensiones en un momento de transformaciones en la región.

612 El año **612** marcó el reinado de Sisebuto, monarca visigodo que dejó su huella en un período de tensiones y cambios en el reino.

621 Recaredo II, asumió el trono en el año **621** en el Reino Visigodo, enfrentando desafíos y tensiones internas en un tiempo de cambios políticos.

621-631	Desde el año **621** hasta el año **631**, Suintila gobernó el Reino Visigodo, en un período de tensiones y cambios políticos en la región.
631-636	Sisenando, monarca visigodo desde el año **631** hasta el año **636**, enfrentó desafíos internos y externos en un tiempo de conflictos y cambios en la península.
636-639	Chintila, rey visigodo desde el año **636** hasta el año **639**, lideró en una época de tensiones y luchas internas en el reino.
639-642	Tulga, gobernando desde el año **639** hasta el año **642** en el Reino Visigodo, enfrentó desafíos y tensiones en una época de cambios políticos.
642-653	Chindasvinto, monarca visigodo desde el año **642** hasta el año **653**, gobernó en un momento de consolidación y desafíos internos en el reino.
653-672	Recesvinto, rey visigodo desde el año **653** hasta el año **672**, enfrentó desafíos políticos y religiosos mientras gobernaba en un tiempo de cambios.
672-680	Wamba, reinando desde el año **672** hasta el año **680**, lideró en una época de tensiones y conflictos internos en el Reino Visigodo.

680-687 Ervigio, rey visigodo desde el año **680** hasta el año **687**, enfrentó desafíos y tensiones en un momento en que la unidad del reino estaba en juego.

Siglo VIII

687-702 Egica. Reino Visigodo

En el siglo VIII, específicamente durante el periodo de **687-702**, Egica asumió el trono del Reino Visigodo. Su reinado se desarrolló en un tiempo de intensas tensiones y luchas internas en el reino, marcado por la creciente inestabilidad y conflictos políticos.

700-710 Witiza. Reino Visigodo

En este mismo siglo, durante el período de **700-710**, Witiza se convirtió en rey del Reino Visigodo. Su reinado fue testigo de desafíos y tensiones significativas. En esta etapa, la autoridad central del reino se debilitaba, lo que generó un ambiente propicio para las luchas por el poder y la rivalidad entre diferentes facciones.

710-716 Agila II. Reino Visigodo

En el Reino Visigodo, durante el periodo de **710-716**, Agila II asumió el trono en un momento de agudos conflictos y desafíos políticos. El reino experimentaba una serie de crisis internas que pusieron en riesgo su estabilidad y unidad.

710-711 Rodrigo. Reino Visigodo

Rodrigo, el último rey visigodo, gobernó durante los años **710-711**. Su reinado coincidió con un acontecimiento de gran trascendencia en la historia de la Península Ibérica. En el año **711**, el Islam llegó a la península bajo el liderazgo de Muza ibn Nusayr, marcando un punto de inflexión en la región y en la dinastía visigoda.

710 La llegada del Islam

El año **710** marcó un hito en la historia de la Península Ibérica. En ese año, se llevó a cabo la primera incursión del Islam en la región. Muza ibn Nusayr, gobernador musulmán del Magreb central, lideró esta iniciativa estratégica con el propósito de expandir la influencia islámica hacia el oeste y someter a los reinos visigodos que dominaban la península. En este contexto, Muza ordenó una expedición liderada por el oficial bereber Tarif, que resultó en la ocupación de una pequeña isla, conocida como Yazirat Tarif, y posteriormente denominada «Tarifa». Esta expedición marcó el inicio de una serie de eventos que alterarían profundamente la historia de la región.

El siguiente paso en esta campaña fue liderado por Tariq ibn Ziyad, lugarteniente de Muza. Tariq organizó una fuerza de alrededor de **7.000** hombres, en su mayoría bereberes, que desembarcaron en las costas de la península. Establecieron un asentamiento en las estribaciones de una montaña, que llamaron Yabal Tariq, que en español significa «La montaña de Tariq». Con el tiempo, este nombre evo-

lucionó hasta convertirse en «Gibraltar». Este asentamiento estratégico se convirtió en una base fundamental para la consolidación de la presencia musulmana en la península ibérica.
La expedición comandada por Tariq ibn Ziyad representó una amenaza seria para el rey Rodrigo, quien en ese momento se encontraba enfrentando a los vascones en el norte de la península. Ante la urgencia de la situación, Rodrigo y su ejército visigodo se dirigieron al sur para confrontar el avance musulmán liderado por Tariq. El enfrentamiento crucial tuvo lugar en las orillas del río Guadalete, donde las fuerzas visigodas se encontraron con las fuerzas musulmanas. La consecuencia más significativa de esta batalla fue el cambio drástico en el curso de la historia de la región.
Trágicamente para los visigodos, el rey Rodrigo sufrió una derrota en la batalla del río Guadalete. Esta derrota no solo marcó el fin de su reinado, sino que también precipitó la desaparición del reino visigodo. La caída de Rodrigo abrió el camino para la ocupación musulmana en la Península Ibérica, sentando las bases para la formación del Califato de Córdoba y un largo período de dominación islámica en la región. El año 710 y los eventos subsiguientes tuvieron un impacto profundo en la historia de la península, marcando el inicio de una nueva era caracterizada por la convivencia de diversas culturas y religiones.

711 Conquista de Granada

Entre los años **711** y **712**, Abdelasís, hijo de Muza ibn Nusayr, logró la conquista de Granada después de ocupar Lorca, Baza y Guadix. Estas conquistas marcaron la expansión del dominio musulmán en la región y establecieron una presencia duradera en la Península Ibérica.

712 Llegada de Muza ibn Nusayr

En el año **712**, Muza ibn Nusayr, líder militar y gobernador musulmán del Magreb central, lideró un segundo ejército compuesto por **18,000** hombres en España. Esta expedición resultó en la ocupación de ciudades estratégicas como Toledo y Sevilla, marcando un punto de inflexión crucial en la historia de al-Andalus y en la consolidación del dominio musulmán en la península.

714 Abderramán toma el poder

Después de que Muza ibn Nusayr fuera llamado a Damasco, su hijo Abdelasís asumió el poder en el año **714**. Durante los años siguientes, Abdelasís logró la ocupación de gran parte de la península ibérica, con excepción de la cornisa cantábrica. Su ascenso al poder y su habilidad para expandir el dominio musulmán marcaron un período de transformación en la región.

716 Caída de Abdelasís

En el año **716**, Abdelasís, el primer emir de al-Andalus, fue asesinado por orden del califa de Damasco debido a sus aspiraciones de independencia. Su caída marcó el final de un breve pero influyente reinado y desencadenó un período de inestabilidad en la dinastía omeya en al-Andalus.

718 Victoria de Pelayo

En el año **718**, tuvo lugar una victoria significativa en la historia de la península. Pelayo, un líder asturiano, logró vencer al ejército musulmán en la Batalla de Covadonga. Este triunfo marcó el inicio del Reino de Asturias y simbolizó la resistencia cristiana contra el dominio musulmán en la península.

737 Pelayo, primer rey de Asturias

A partir del año **737**, Pelayo asumió el título de primer rey del Reino de Asturias. Liderando a su pueblo, Pelayo encabezó una época de resistencia en la que el reino buscaba consolidarse y mantener su identidad frente a la ocupación musulmana.

737-739 Fafila. Reino de Asturias

Durante el periodo de **737-739**, Fafila, sucesor de Pelayo, enfrentó desafíos en un momento en que el Reino de Asturias se esforzaba por consolidar su poder en un entorno adverso.

739-757 Alfonso I. Reino de Asturias

Alfonso I, también conocido como Alfonso el Católico, gobernó durante el periodo de **739-757**. Su reinado se caracterizó por un esfuerzo constante de consolidación y expansión del Reino de Asturias en medio de un contexto marcado por la presencia musulmana en la península.

742 Cambios en al-Andalus
En el año **742**, se produjo un cambio significativo en la dirección política de al-Andalus. Los árabes sirios asumieron el control del gobierno, marcando una transformación en la estructura de poder y en la dinámica política de la región.

7...-747 Abd al-Malik al-Fihrí
Durante el periodo aproximado de **7...-747**, Abd al-Malik al-Fihrí desempeñó un papel relevante en un momento de cambios y tensiones en al-Andalus. Su figura y su influencia dejaron huella en la historia de la región.

747-756 Yusuf al-Fihrí
Yusuf al-Fihrí lideró al-Andalus durante los años **747-756**. Su mandato coincidió con el declive del imperio árabe de los Omeyas, marcando un punto crucial en la historia de al-Andalus y en la transición hacia una nueva etapa.

750 Cambio de poder en el califato

En el año 750, se produjo un cambio trascendental en el escenario político del mundo islámico. Después de la batalla de Kûfa, el imperio árabe de los Omeyas llegó a su fin. Abû al Abbas se proclamó califa, lo que marcó un cambio de liderazgo importante y tuvo profundas implicaciones para la región.

755 Ascenso de Abderramán I
En 755, Abderramán I emergió como una figura clave en al-Andalus al derrocar a Yusuf al-Fihrí. Fundó la dinastía Omeya en la región y estableció el emirato de Córdoba de manera independiente, dando inicio a un periodo de gobierno influyente y transformador.

757-768 Fruela. Reino de Asturias
Durante los años 757-768, Fruela asumió el trono del Reino de Asturias. Su reinado estuvo marcado por desafíos en un tiempo en el que el reino buscaba consolidar su posición y enfrentar las presiones externas.

768-774 Aurelio. Reino de Asturias
En el periodo de 768-774, Aurelio gobernó el Reino de Asturias. Su reinado tuvo lugar en un momento de consolidación y transformación en el reino, mientras se establecían las bases para la resistencia y la expansión.

774-783 Silo. Reino de Asturias

Silo ascendió al trono del Reino de Asturias en **774** y gobernó hasta **783**. Su reinado coincidió con un período de cambios políticos y sociales en la región, y enfrentó desafíos mientras buscaba mantener la estabilidad y la cohesión.

783-788 Mauregato. Reino de Asturias
Durante los años **783-788**, Mauregato lideró el Reino de Asturias en un tiempo en que la estabilidad del reino estaba en juego. Su reinado fue testigo de tensiones y desafíos internos mientras trataba de mantener la autoridad en un entorno volátil.

788-791 Bermudo I. Reino de Asturias
Bermudo I asumió el trono del Reino de Asturias en **788** y gobernó hasta **791**. Durante su reinado, que abarcó tres años cruciales, enfrentó desafíos en un momento de consolidación y luchas internas en la región.

788-796 Hisham I. Omeya
En **788**, Hisham I se convirtió en emir omeya de al-Andalus. Su liderazgo se enmarcó en un período de establecimiento de la dinastía Omeya en la región y de cambios políticos significativos.

791-842 Alfonso II. Reino de Asturias
Alfonso II asumió el trono del Reino de Asturias en **791** y gobernó hasta **842**. Su reinado, que se extendió por varias décadas, se destacó

por liderar un período de expansión y consolidación en la península ibérica. Durante su mandato, Alfonso II estableció fortalezas al sur del río Duero, contribuyendo a la resistencia y al fortalecimiento de la presencia cristiana en la región.

Siglo IX

796-822 Alhakán I. Omeya
Durante el siglo IX, en el periodo de **796-822**, Alhakán I desempeñó el rol de emir omeya en al-Andalus. Su gobierno tuvo lugar en una época marcada por cambios y desafíos en la región.

812 Pacto de paz entre el emirato de Córdoba y Carlomagno
En **812**, se estableció un pacto de paz entre el emirato de Córdoba y Carlomagno. Este acuerdo resultó en la cesión de la zona pirenaica. A pesar de esto, los Banu Quasi de Tudela y los Arista de Navarra continuaron desempeñando un papel crucial en la región, impidiendo la hegemonía carolingia en el área.

810-852 Íñigo Arista. Reino de Navarra
Durante el periodo de **810-852**, Íñigo Arista gobernó el Reino de Navarra. Su liderazgo contribuyó a la historia de la región en un momento de cambios y transformaciones.

822-852 Abderramán II. Omeya
En el siglo IX, durante el periodo de **822-852**, Abderramán II lideró al-Andalus como emir omeya. Su gobierno coincidió con un período de consolidación y evolución en la dinastía omeya en la península.

842-850 Ramiro I. Reino de Asturias

En el Reino de Asturias, durante el periodo de **842-850**, Ramiro I asumió el trono. Su reinado se desarrolló en un tiempo de retos y desafíos mientras el reino buscaba mantener su posición en el contexto de la península ibérica.

850-866 Ordoño I. Reino de Asturias

Ordoño I gobernó el Reino de Asturias durante los años **850-866**. Durante su reinado, el reino continuó enfrentando los desafíos de la presencia musulmana, y su liderazgo contribuyó a la resistencia y la evolución del reino.

852-870 García Íñiguez. Reino de Navarra

En el siglo IX, durante el periodo de **852-870**, García Íñiguez lideró el Reino de Navarra. Su mandato se desarrolló en un contexto de cambios y realineamientos en la región.

852-886 Mohamed I. Omeya

Durante los años **852-886**, Mohamed I desempeñó un papel crucial como emir omeya en al-Andalus. Su liderazgo se desarrolló en un período de transformación y desarrollo en la historia de la región.

Siglo X

En el siglo X, una época de profundos cambios y transformaciones en la península ibérica, diversos líderes y dinastías marcaron el rumbo de la historia. A continuación, se detallan algunos de los acontecimientos más destacados:

866-910 Alfonso III. Reino de Asturias
Durante este período, Alfonso III, también conocido como Alfonso III el Magno, gobernó el Reino de Asturias. Su reinado fue crucial para la consolidación del reino cristiano en la península ibérica y la defensa contra las incursiones musulmanas.

870-905 Fortún Garcés. Reino de Navarra
Fortún Garcés, rey de Navarra, desempeñó un papel importante en la historia de la región, luchando por la autonomía y fortaleza de su reino en medio de las complejas relaciones entre los territorios cristianos y musulmanes.

873-898 Wifredo el Velloso, conde de Barcelona, establece un reino cristiano con cierta independencia de los reyes francos.
Wifredo el Velloso fue un destacado líder en Cataluña que logró establecer un reino independiente de la influencia franca, fortaleciendo la identidad y autonomía de la región.

886-888 Almundir. Omeya

Durante este período, Almundir fue una figura prominente dentro de la dinastía omeya, que gobernaba el Califato de Córdoba en la península ibérica.

886 Las Islas Baleares son ocupadas por los Omeyas.
Las Islas Baleares cayeron bajo el dominio de los Omeyas, lo que tuvo implicaciones en la geopolítica de la región y en las relaciones con los reinos cristianos circundantes.

888-912 Abdalá. Omeya
Abdalá asumió el poder como gobernante omeya en un momento de agitación en el Califato de Córdoba, marcando un período de cambios y tensiones en la península ibérica.

905-925 Sancho Garcés I. Reino de Navarra. Crea un reino vasco en Navarra.
Sancho Garcés I, conocido como Sancho I de Navarra, contribuyó a la formación y consolidación del Reino de Navarra, un reino con importantes implicaciones para la historia vasca y la política regional.

910-914 García I. Reino de Asturias
El reinado de García I en el Reino de Asturias fue un momento crucial en la historia del norte de la península ibérica, marcado por los esfuerzos de consolidación y defensa ante las amenazas musulmanas.

914-924 Ordoño II. León se convierte en la capital del reino de Asturias que desde entonces será llamado Reino de León.
El reinado de Ordoño II marcó la transición del Reino de Asturias al Reino de León, con León como su nueva capital. Esta transformación tuvo un impacto duradero en la configuración política y territorial de la región.

924-925 Fruela II. Reino de León
Fruela II desempeñó un papel efímero en la historia del Reino de León, pero sus acciones y su gobierno contribuyeron a la dinámica de la época y al devenir político de la región.

925-931 Alfonso IV. Reino de León
Durante el reinado de Alfonso IV, el Reino de León enfrentó desafíos y oportunidades, y su liderazgo dejó una huella en la historia de la península ibérica.

925-970 García Sánchez I. Reino de Navarra
García Sánchez I de Navarra desempeñó un papel crucial en la consolidación del reino y en las relaciones diplomáticas con los reinos vecinos.

929 El **16** de enero, Abderramán III se proclama Príncipe de los creyentes y Defensor de la fe. Declara su independencia de Bagdad, instaurando el Califato de Córdoba.

Abderramán III proclamó el Califato de Córdoba, un acto que marcó la independencia del Califato de Bagdad y consolidó el poder en la península ibérica bajo su liderazgo.

930-950	Ramiro II, rey de León, derrota a Abderramán III en Simancas, Osma y Talavera. Ramiro II, también conocido como Ramiro II de León, tuvo victorias significativas sobre el califato de Córdoba, lo que influyó en el equilibrio de poder en la región.
950-951	El conde Fernan González establece los cimientos de la independencia de Castilla. Fernán González, conde de Castilla, desempeñó un papel fundamental en la consolidación de la independencia de Castilla y en la creación de una entidad política que sentaría las bases para el futuro reino.
951-956	Ordoño III. Reino de León El reinado de Ordoño III en el Reino de León estuvo marcado por sucesos relevantes en la historia del reino y la península ibérica.
956-958	Sancho I. Reino de León. Los reyes cristianos pagan tributo a Abderramán III y reconocen su hegemonía. Sancho I de León fue un rey cuyo reinado coincidió con la influencia del califato de Córdoba en la región, lo que tuvo implicaciones en las relaciones y políticas de la época.

958-960	Ordoño IV. Reino de León El reinado de Ordoño IV en el Reino de León estuvo marcado por su lucha por el poder y la rivalidad con otros líderes de la época.
960-966	Sancho II. Reino de León Sancho II de León enfrentó desafíos internos y externos durante su reinado, lo que influyó en la dinámica política de la región.
961	Al-Hakam II (**961-976**) El califato de Córdoba vivió un período bajo el gobierno de Al-Hakam II, un líder influyente cuya gestión tuvo impacto en los asuntos internos y externos del califato.
961-976	Mohamed II. Omeya Mohamed II fue un califa omeya que ejerció su liderazgo durante un momento clave en el Califato de Córdoba, enfrentando desafíos y cambios en la península ibérica.
966-984	Ramiro III. Reino de León Ramiro III de León fue un monarca cuyo reinado se caracterizó por tensiones internas y amenazas externas que afectaron el reino y la región circundante.
970-994	Sancho Garcés II. Reino de Navarra Sancho Garcés II, conocido como Sancho II de Navarra, enfrentó desafíos políticos y mi-

litares durante su reinado en el Reino de Navarra.

976-1000 Hisham II (Almanzor). Omeya
Hisham II, también conocido como Almanzor, desempeñó un papel influyente en la política y la historia del Califato de Córdoba, siendo conocido por su papel militar y expansivo.

981 Ramiro III es derrotado por Almanzor en Rueda y es obligado a pagar tributo al califa de Córdoba.
La derrota de Ramiro III ante Almanzor marcó un momento de debilidad para el Reino de León frente al poder del Califato de Córdoba.

Siglo XI

En el siglo XI, una época de transiciones y fragmentación política, diferentes líderes y reinos lucharon por el poder y la supremacía en la península ibérica. A continuación, se presenta un análisis más detallado de este período histórico:

994-1000 García Sánchez II. Reino de Navarra
García Sánchez II, también conocido como García II de Navarra, desempeñó un papel en la historia de Navarra durante un momento de cambios y desafíos en la península ibérica.

999-1018 Alfonso V de León reconstruye su reino.
El reinado de Alfonso V de León fue crucial para la reconstrucción y fortalecimiento del reino después de períodos de inestabilidad y conflicto.

1000-1035 Sancho III de Navarra somete los condados de Aragón, Sobrarbe y Ribagorza, y toma posesión del condado de Castilla.
Sancho III de Navarra, también conocido como Sancho III el Mayor, fue un monarca influyente que buscó expandir su poder a través de la anexión de diversos territorios.

1009-1106 Reinos de Taifas. A comienzos del siglo XI, el califato de Córdoba se desmorona, y tras años de agitaciones se forman los reinos de taifas.

Son Estados pequeños y débiles, en constantes conflictos y rivalidades.
El colapso del califato de Córdoba condujo a la fragmentación de la península ibérica en reinos de taifas, una época de fragmentación política y rivalidades entre las diversas entidades territoriales.

1009 y **1013-1016**. Sulayman al-Mustain. Omeya
Sulayman al-Mustain fue un califa omeya cuyo gobierno se desarrolló en un período de inestabilidad y cambios en el califato de Córdoba.

1010-1013 Hisham II. Omeya
El califa Hisham II enfrentó conflictos y desafíos durante su reinado, marcado por tensiones internas y divisiones en el califato de Córdoba.

1018-1023 Abderramán IV. Omeya
Abderramán IV fue un califa omeya que asumió el poder en un momento de inestabilidad en el califato de Córdoba, enfrentando luchas por el liderazgo y el control.

1023-1024 Abderramán V. Omeya
Abderramán V fue otro califa omeya que experimentó un corto reinado en medio de las luchas y los cambios en el califato de Córdoba.

1024-1025 Mohamed III. Omeya

Mohamed III asumió el poder como califa omeya en una época tumultuosa para el califato de Córdoba, enfrentando conflictos y desafíos en la región.

1027-1031 Hisham III. Omeya
El reinado de Hisham III en el califato de Córdoba estuvo marcado por luchas internas y la decadencia final de la dinastía omeya en la península ibérica.

1028-1037 Bermudo III. Reino de León. Establece un acuerdo con Sancho III de Navarra quien pretende arrebatarle sus dominios y proclamarse emperador. A su muerte, deja el trono de Navarra a su hijo García III, Castilla a Fernando I y Aragón, Sobrarbe y Ribagorza, a Ramiro I. Bermudo III de León vivió en un contexto de tensiones y rivalidades, incluida la lucha por la sucesión y el control de los diferentes territorios en la península.

1035-1063 Ramiro I. Reino de Aragón
Ramiro I fue un rey de Aragón cuyo reinado fue crucial para la consolidación y expansión del reino en una época de cambios y tensiones políticas.

1035-1054 García de Nájera. Reino de Navarra
García de Nájera, también conocido como García III de Navarra, se convirtió en rey en un momento de cambios y rivalidades en la pe-

nínsula ibérica, desempeñando un papel en la historia de Navarra.

1035-1063 Fernando I conquista Coimbra y obliga a los musulmanes de Toledo, Sevilla y Badajoz a pagarle tributo. Antes de su muerte, divide los territorios entre sus hijos: Castilla para Sancho II y León para Alfonso VI.
Fernando I de León y Castilla tuvo un impacto significativo en la península ibérica al expandir su territorio y ejercer control sobre diferentes regiones, además de establecer la base para futuras divisiones.

1037-1065 Fernando I. Reino de León
Fernando I de León desempeñó un papel en la consolidación y expansión del Reino de León, estableciendo alianzas y control sobre territorios circundantes.

1054-1076 Sancho IV. Reino de Navarra
Sancho IV de Navarra, también conocido como Sancho IV el de Peñalén, tuvo un reinado caracterizado por desafíos políticos y conflictos internos en el Reino de Navarra.

1063-1094 Sancho Ramiro. Reino de Aragón
Sancho Ramiro fue un rey de Aragón cuyo reinado estuvo marcado por la lucha por el poder y la influencia en la región.

1065-1109	Alfonso VI reunifica Castilla tras asesinar a García y Sancho. Alfonso VI de León y Castilla jugó un papel crucial en la reunificación de Castilla después de períodos de fragmentación y luchas internas.
1076-1094	Sancho V. Reino de Navarra Sancho V de Navarra, también conocido como Sancho V el Sabio, enfrentó desafíos políticos y militares durante su reinado en el Reino de Navarra.
1085	Alfonso VI conquista Toledo en **1085** La conquista de Toledo por Alfonso VI tuvo un impacto significativo en la historia de la península ibérica, marcando un momento importante en la expansión de los reinos cristianos.
1086	El avance cristiano obliga a los reyes musulmanes de Granada, Sevilla y Badajoz a pedir ayuda al sultán almorávide Yusef ben Tashfin, quien gobernaba un imperio que se extendía desde Argel hasta Senegal. En la última década del siglo estos nómadas saharianos, defensores de la pureza de la religión islámica, conquistan los reinos de taifas. El avance cristiano y la respuesta almorávide bajo Yusef ben Tashfin marcaron un período de conflictos y cambios en la península ibérica, con la influencia de los almorávides en los reinos de taifas.

Siglo XII

El siglo XII fue testigo de importantes transformaciones y cambios políticos en la península ibérica, con líderes y reinos que lucharon por el poder y la influencia en la región. A continuación, se detallan algunos de los eventos y figuras clave de esta época:

1094-1101 Pedro I. Reino de Aragón
Pedro I de Aragón, también conocido como Pedro I el Católico, desempeñó un papel en la historia del Reino de Aragón durante un período de cambios y desafíos.

1094-1104 Pedro I. Reino de Navarra
Pedro I de Navarra, también conocido como Pedro I el de Saint-Pierre, fue un rey de Navarra que se enfrentó a desafíos y conflictos durante su reinado.

1102 Los almorávides alcanzan Valencia.
La llegada de los almorávides a Valencia tuvo un impacto en la región, marcando un período de cambio en el poder y la influencia en la península ibérica.

1104-1134 Alfonso I. Reino de Navarra
Alfonso I de Navarra, conocido como Alfonso I el Batallador, desempeñó un papel en la historia de Navarra y Aragón durante un

momento de luchas y cambios en la península ibérica.

1104-1134 Alfonso I. Reino de Aragón
El reinado de Alfonso I de Aragón, el Batallador, tuvo un impacto en la configuración política y territorial de la península ibérica, incluida la región de Aragón.

1106-1143 Ali ben Yusef ben Tashfin. Reino Almorávide
Ali ben Yusef ben Tashfin fue un líder almorávide que influyó en la historia de la península ibérica durante un período de tensiones y rivalidades.

1109-1126 Urraca. Reino de León
Urraca de León y Castilla, también conocida como Urraca I de León, tuvo un reinado en medio de conflictos y luchas dinásticas en la península ibérica.

1110 Los almorávides alcanzan Coimbra, Lisboa, Oporto y Zaragoza.
El avance de los almorávides en varias ciudades tuvo un impacto en la distribución del poder en la península ibérica durante este período.

1118 Alfonso I de Aragón conquista Zaragoza.
La conquista de Zaragoza por parte de Alfonso I de Aragón marcó un hito en la expansión del reino y su influencia en la región.

1126-1157 Alfonso VII. Reino de León
Alfonso VII de León y Castilla desempeñó un papel en la historia de la península ibérica como un monarca influyente en la consolidación de territorios.

1130-1163 Abd Al-Mumin. Almohade
Abd Al-Mumin fue un líder almohade que ejerció influencia durante este período de cambios en la península ibérica y el norte de África.

1130-1187 Primer periodo de la Escuela de traductores de Toledo. Se traducen al latín los textos clásicos de la ciencia y la filosofía árabes.
El primer periodo de la Escuela de Traductores de Toledo fue un momento clave para la traducción y difusión del conocimiento árabe en la península ibérica.

1134-1169 Ramiro II. Reino de Aragón
Ramiro II de Aragón, conocido como Ramiro II el Monje, desempeñó un papel en la historia del reino durante un período de desafíos y cambios.

1134-1169 Pedro IV. Reino de Aragón
Pedro IV de Aragón, también conocido como Pedro II de Cataluña y Aragón, fue un monarca cuyo reinado marcó un período de transformaciones en el reino.

1143	Tratado de Zamorra entre Alfonso VII de León y Portugal. Se reconoce la independencia de Portugal como reino.
1157-1188	Fernando II. Reino de León Fernando II de León y Castilla desempeñó un papel en la historia de la península ibérica al consolidar territorios y ejercer influencia en la región.
1164-1199	Alfonso VIII. Reino de Castilla Alfonso VIII de Castilla fue un monarca influyente en la historia de la península ibérica, especialmente en la consolidación del Reino de Castilla.
1166-1199	Yusuf II. Almohade Yusuf II fue un líder almohade que ejerció influencia durante un período en el que los almohades estuvieron involucrados en los asuntos de la península ibérica.
1184-1225	Alfonso IX. Reino de León Alfonso IX de León desempeñó un papel en la historia de la península ibérica al ejercer liderazgo en el Reino de León y Castilla.
1188-1199	Yusuf III. Almohade Yusuf III fue un líder almohade que asumió el poder en una época de tensiones y cambios en el califato de Almohad en la península ibérica.

1195-1214 Abd al-Wahid I. Almohade
Abd al-Wahid I fue un califa almohade que gobernó durante un período en el que los almohades lucharon por mantener su influencia en la península ibérica.

Siglo XIII

1199-1214 Muhammad an-Nasir. Almohade
Muhammad an-Nasir fue un líder almohade que desempeñó un papel en la historia de la península ibérica en un momento de cambio y declive almohade.

1204-1214 Pedro II. Reino de Aragón
Pedro II de Aragón, también conocido como Pedro II el Católico, fue un rey cuyo reinado estuvo marcado por desafíos y cambios en el reino.

1212 Batalla de las Navas de Tolosa. Alianza entre reinos cristianos derrota al califato almohade, marcando un punto de inflexión en la Reconquista.
La Batalla de las Navas de Tolosa fue un evento crucial en la Reconquista, en el cual los reinos cristianos derrotaron al califato almohade, marcando un cambio en el equilibrio de poder en la península ibérica.

1214-1224 Abd Allah al-Adil. Almohade
Abd Allah al-Adil fue un líder almohade que gobernó durante un momento de declive y desafíos en el califato almohade en la península ibérica.

1224-1227 Abd al-Wahid II. Almohade

Abd al-Wahid II fue un líder almohade cuyo gobierno estuvo marcado por desafíos internos y externos en la península ibérica.

1227-1232 Yahya al-Mutasim. Almohade
Yahya al-Mutasim asumió el poder en un período de declive y fragmentación almohade en la península ibérica.

1232-1248 Reino de taifas de Murcia y Valencia bajo el dominio de Ibn Hud. Tras la caída del último califa almohade, los reinos de taifas vuelven a ser independientes. Durante su gobierno se proclama la independencia del reino de Murcia.
El período de reinos de taifas bajo el dominio de Ibn Hud marcó un momento de independencia y fragmentación en la península ibérica después de la caída del califato almohade.

1238 Valencia es conquistada por Jaime I de Aragón.

1246 Sevilla es conquistada por Fernando III de Castilla.

1248 Granada es conquistada por Fernando III de Castilla. Fin del califato almohade en la península ibérica.
La conquista de Granada por Fernando III de Castilla marcó el fin del califato almohade en la península ibérica y un hito importante en la Reconquista.

1252-1284 Alfonso X. Reino de Castilla y León
Alfonso X, también conocido como Alfonso el Sabio, fue un rey influyente en el Reino de Castilla y León. Además de sus acciones en la península ibérica, Alfonso X aspiró a ser elegido emperador del Sacro Imperio Romano en 1257.

1253-1270 Teobaldo II. Reino de Navarra
Teobaldo II de Navarra gobernó durante un período en el que el Reino de Navarra enfrentó desafíos y cambios en su política y territorio.

1269 Abu Dabis. Almohade
Abu Dabis fue un líder almohade que desempeñó un papel en el contexto de los cambios y conflictos en el califato almohade.

1270-1274 Enrique I. Reino de Navarra
Enrique I de Navarra gobernó en un momento en que el reino experimentaba dinámicas políticas y sociales en evolución.

1273 Granada. Muhammad I muere de una caída de caballo. Tenía más de setenta años. El reino de Granada queda aislado, pero es amplio y rico. La muerte de Muhammad I de Granada y las circunstancias que la rodearon tuvieron un impacto en la situación política y territorial del reino.

1273-1302 Muhammad II. Reino de Granada
Muhammad II de Granada gobernó durante un período en el que el reino enfrentaba cambios internos y presiones externas.

1274-1305 Juana I. Reino de Navarra
Juana I de Navarra, también conocida como Juana I la Paloma, desempeñó un papel en la historia de Navarra durante un período de desafíos y transformaciones.

1276-1285 Pedro III. Reino de Aragón
Pedro III de Aragón, también llamado Pedro el Grande, tuvo un reinado marcado por su participación en asuntos políticos y militares en la península ibérica.

1276-1285 Pedro I. Valencia
Pedro I de Valencia gobernó en un momento en que el Reino de Valencia estaba inmerso en las dinámicas políticas y culturales de la península ibérica.

1284-1295 Una asamblea de nobles, prelados y ciudadanos depone a Alfonso X y otorga el poder a su hijo Sancho IV.
El cambio en el poder de Alfonso X a Sancho IV de Castilla marcó un momento de transición política en el Reino de Castilla y León.

1285-1291 Alfonso III. Reino de Aragón

Alfonso III de Aragón gobernó en un período en el que el reino experimentó cambios y desafíos en su gobierno y territorio.

1285-1291 Alfonso I. Valencia
Alfonso I de Valencia, también conocido como Alfonso el Benigno, desempeñó un papel en la historia de Valencia y sus relaciones con otros reinos de la península.

Siglo XIV

1291-1329 Jaime II. Valencia
Jaime II de Valencia gobernó durante un siglo XIV en el que la región experimentó cambios políticos y culturales significativos.

1291-1329 Jaime II. Reino de Aragón
Jaime II de Aragón, también conocido como Jaime II el Justo, desempeñó un papel en la historia de Aragón en un momento de evolución y desafíos.

1295-1312 Fernando IV. Reino de Castilla y León
Fernando IV de Castilla y León tuvo un reinado marcado por los esfuerzos para consolidar el poder y enfrentar los desafíos internos y externos.

1302-1309 Muhammad III al-Maijlu. Reino de Granada
Muhammad III al-Maijlu de Granada gobernó en un período en el que el reino estaba bajo la influencia de diversas facciones y enfrentaba desafíos políticos y militares.

1305-1307 Felipe I. Reino de Navarra
Felipe I de Navarra, conocido como Felipe I el Hermoso, gobernó en un momento de cambios en la política y la dinastía navarra.

1307-1316 Luis I. Reino de Navarra

Luis I de Navarra, también llamado Luis I el Hutín, tuvo un reinado breve pero significativo en el contexto de los asuntos navarros.

1309-1314 Nasr Abu-l-Yuyus. Reino de Granada
Nasr Abu-l-Yuyus fue un líder de Granada que enfrentó desafíos en un período en el que el reino estaba bajo tensiones internas y externas.

1309 Fernando IV toma Gibraltar.
La toma de Gibraltar por parte de Fernando IV de Castilla tuvo implicaciones estratégicas en la región y en las relaciones con otros reinos.

1312-1350 Alfonso XI. Reino de Castilla y León. Lucha por el reino de Granada durante veinticinco años.
Alfonso XI de Castilla y León desempeñó un papel importante en la lucha por el control del Reino de Granada, lo que marcó un período de tensión y conflicto en la península ibérica.

1314-1325 Isma'il. Reino de Granada
Isma'il de Granada gobernó en un momento en el que el reino estaba bajo presiones y desafíos externos, lo que influyó en su gobierno y estrategias.

1315-1349 Jaime III. Mallorca

Jaime III de Mallorca tuvo un reinado en el que enfrentó la pérdida de territorio y desafíos por parte de las dinámicas regionales.

1316 Juan I. Reino de Navarra
Juan I de Navarra asumió el trono en un momento de continuos cambios en la política navarra y en la relación con otros reinos.

1316-1322 Felipe II. Reino de Navarra
Felipe II de Navarra, conocido como Felipe II el Largo, enfrentó desafíos en un momento en el que la monarquía navarra estaba en transformación.

1322-1328 Carlos I. Reino de Navarra
Carlos I de Navarra, también llamado Carlos I el Malo, gobernó en un período en el que el reino experimentó conflictos y cambios políticos.

1325-1333 Muhammad IV b. Isma'il. Reino de Granada
Muhammad IV b. Isma'il de Granada enfrentó desafíos en un momento de inestabilidad interna y tensiones externas en el reino.

1327-1333 Alfonso IV. Reino de Aragón
Alfonso IV de Aragón tuvo un reinado marcado por los desafíos políticos y territoriales en la península ibérica.

1327-1333 Alfonso II. Valencia

Alfonso II de Valencia enfrentó desafíos en el contexto de la política regional y las dinámicas culturales en la península ibérica.

1328-1349 Juana II. Reino de Navarra
Juana II de Navarra gobernó en un momento en el que el reino experimentó conflictos y tensiones internas y externas.

1328-1343 Felipe de Evreux. Reino de Navarra
Felipe de Evreux, conocido como Felipe III de Navarra, tuvo un reinado en el que las dinámicas de poder en Navarra estaban en constante cambio.

+1325 Sancho el Pacífico. Mallorca
Sancho el Pacífico de Mallorca tuvo un papel en la historia de la isla durante un período en el que se enfrentaba a desafíos externos e internos.

1333-1354 Yusuf I Abu-l-Hayyay. Reino de Granada
Yusuf I Abu-l-Hayyay de Granada enfrentó desafíos en un momento en que el reino estaba bajo la presión de la Reconquista cristiana.

1336-1387 Pedro II. Valencia
Pedro II de Valencia gobernó en un período en el que el Reino de Valencia experimentó cambios y desafíos en el contexto peninsular.

1336-1387 Pedro IV. Reino de Aragón

Pedro IV de Aragón, también conocido como Pedro IV el Ceremonioso, tuvo un reinado marcado por asuntos políticos y territoriales en la península ibérica.

1349-1387 Carlos II. Reino de Navarra
Carlos II de Navarra, también llamado Carlos II el Malo, enfrentó una serie de desafíos y conflictos durante su reinado.

1350-1369 Pedro I. Reino de Castilla y León
Pedro I de Castilla y León, conocido como Pedro I el Cruel o Pedro el Justiciero, tuvo un reinado marcado por la lucha por el poder y las tensiones internas.

1354-1359 Muhammad V al-Gani (1.ª vez). Reino de Granada
Muhammad V al-Gani de Granada tuvo dos reinados marcados por desafíos y tensiones en el contexto de la Reconquista.

1359-1360 Isma'il II b. Yusuf. Reino de Granada
Isma'il II b. Yusuf de Granada gobernó en un momento de inestabilidad interna y conflictos en el reino.

1360-1362 Muhammad VI «El Bermejo». Reino de Granada
Muhammad VI «El Bermejo» de Granada enfrentó desafíos en su breve reinado en medio de tensiones y cambios en el reino.

1362-1391 Muhammad V al-Gani (2.ª vez). Reino de Granada
Muhammad V al-Gani de Granada, en su segundo reinado, continuó enfrentando desafíos y tensiones en un contexto de Reconquista cristiana.

1369 Enrique II. Reino de Castilla y León. Pedro I es asesinado en Montiel por su hermanastro, Enrique de Trastámara, que gobierna como Enrique II.
La ascensión de Enrique II de Trastámara al trono marcó un cambio dinástico en el Reino de Castilla y León, que afectó el curso de la Reconquista.

+1375 Jaime IV. Mallorca
Jaime IV de Mallorca desempeñó un papel en la historia de la isla en un momento en que su independencia enfrentaba amenazas.

1379-1390 Juan I de Trastámara. Reino de Castilla y León
Juan I de Trastámara de Castilla y León tuvo un reinado marcado por las tensiones políticas y las luchas de poder.

1387-1396 Juan I. Reino de Aragón
Juan I de Aragón, también conocido como Juan I el Cazador, gobernó en un período en que el reino experimentó cambios y desafíos.

1387-1396 Juan I. Valencia
Juan I de Valencia enfrentó desafíos y tensiones en el contexto de la política regional y las dinámicas en la península ibérica.

Siglo XV

1387-1425 Carlos III. Reino de Navarra
Carlos III de Navarra, también llamado Carlos III el Noble, tuvo un reinado en un siglo XV en constante evolución y cambio.

1390-1406 Enrique III de Trastámara (el Doliente). Reino de Castilla y León
Enrique III de Trastámara de Castilla y León tuvo un reinado en el que las tensiones y rivalidades políticas eran prominentes.

1391-1392 Yusuf II b. Muhammad. Reino de Granada
Yusuf II b. Muhammad de Granada enfrentó desafíos en su breve reinado en medio de tensiones internas y externas en el reino.

1392-1408 Muhammad VII al-Musta'in. Reino de Granada
Muhammad VII al-Musta'in de Granada tuvo un reinado marcado por tensiones políticas y conflictos con otras facciones.

1396-1410 Martín I. Reino de Aragón
Martín I de Aragón, también conocido como Martín I el Humano, enfrentó desafíos en su reinado en un contexto de cambios y tensiones.

1396-1410 Martín I. Valencia

Martín I de Valencia gobernó en un momento en que el Reino de Valencia experimentaba cambios y tensiones en la península ibérica.

+1404 Isabel. Mallorca
Isabel de Mallorca tuvo un papel en la historia de la isla durante un período en el que su independencia enfrentaba desafíos.

1406-1454 Juan II de Trastámara. Reino de Castilla y León
Juan II de Trastámara de Castilla y León enfrentó desafíos en su reinado, incluidas las tensiones con la nobleza y las luchas por el poder.

1408-1417 Yusuf III b. Yusuf. Reino de Granada
Yusuf III b. Yusuf de Granada tuvo un reinado marcado por las tensiones y conflictos internos en el reino.

1412-1416 Fernando I. Reino de Aragón
Fernando I de Aragón gobernó en un momento en que el reino enfrentaba desafíos políticos y territoriales en la península ibérica.

1412-1416 Fernando I. Valencia
Fernando I de Valencia gobernó en un período de tensiones políticas y cambios en la región de la península ibérica.

1416-1458 Alfonso V. Reino de Aragón

Alfonso V de Aragón tuvo un reinado marcado por los asuntos políticos y las luchas territoriales en la península ibérica.

1416-1458 Alfonso III. Valencia
Alfonso III de Valencia enfrentó desafíos en un período en el que el Reino de Valencia experimentaba cambios y tensiones en la península ibérica.

1417-1419 Muhammad VIII «El Pequeño» (**1.**ª vez). Reino de Granada
Muhammad VIII «El Pequeño» de Granada tuvo un reinado marcado por las tensiones y luchas internas en el reino.

1419-1427 Muhammad IX «El Zurdo» (**1.**ª vez). Reino de Granada
Muhammad IX «El Zurdo» de Granada enfrentó desafíos en su reinado en medio de las tensiones en el reino y con otras facciones.

1425-1441 Blanca I. Reino de Navarra
Blanca I de Navarra tuvo un reinado en un período en el que el reino enfrentaba desafíos y cambios en la política y la dinastía.

1425-1479 Juan II. Reino de Navarra
Juan II de Navarra, también llamado Juan II el Grande, enfrentó desafíos y cambios en un siglo XV en constante evolución.

1427-1429 Muhammad VIII «El Pequeño» (2.ª vez). Reino de Granada

Muhammad VIII «El Pequeño» de Granada tuvo un segundo reinado marcado por tensiones y luchas en el reino.

1429-1432 Muhammad IX «El Zurdo» (2.ª vez). Reino de Granada

Muhammad IX «El Zurdo» de Granada enfrentó desafíos en su segundo reinado en medio de tensiones internas y externas.

1432 Yusuf IV al-Mawl. Reino de Granada

Yusuf IV al-Mawl de Granada gobernó en un momento en que el reino enfrentaba desafíos y cambios en su liderazgo.

1432-1445 Muhammad IX «El Zurdo» (3.ª vez). Reino de Granada

Muhammad IX «El Zurdo» de Granada enfrentó tensiones y conflictos en su tercer reinado en un contexto de Reconquista.

1445 Muhammad X «El Cojo» (1.ª vez). Reino de Granada

Muhammad X «El Cojo» de Granada tuvo un reinado marcado por desafíos y conflictos en medio de la Reconquista cristiana.

1445-1446 Yusuf V b. Isma'il. Reino de Granada

Yusuf V b. Isma'il de Granada enfrentó desafíos en su breve reinado en medio de tensiones en el reino.

1446-1447 Muhammad X «El Cojo» (2.ª vez). Reino de Granada
Muhammad X «El Cojo» de Granada tuvo un segundo reinado en un período en que el reino estaba bajo presiones externas.

1447-1454 Muhammad IX «El Zurdo» (4.ª vez). Reino de Granada
Muhammad IX «El Zurdo» de Granada enfrentó desafíos en su cuarto reinado en un contexto de Reconquista y tensiones internas.

1451-1454 Muhammad XI «El Chiquito». Reino de Granada
Muhammad XI «El Chiquito» de Granada tuvo un reinado en un período en que el reino enfrentaba las presiones finales de la Reconquista cristiana.

1454-1455 Muhammad XI «El Chiquito» y Sa'd Ciriza. Reino de Granada
Muhammad XI «El Chiquito» y Sa'd Ciriza de Granada enfrentaron desafíos en un momento en que el reino estaba bajo tensiones y cambios.

1454-1474 Enrique IV de Trastámara. Reino de Castilla y León

Enrique IV de Trastámara de Castilla y León tuvo un reinado marcado por las tensiones dinásticas y las luchas de poder.

1455-1462 Sa'd Ciriza. Reino de Granada
Sa'd Ciriza de Granada enfrentó desafíos en un momento en que el reino estaba bajo presiones y tensiones de la Reconquista.

1458-1479 Juan II. Reino de Aragón
Juan II de Aragón tuvo un reinado en un momento en que el reino experimentaba cambios y desafíos en la península ibérica.

1458-1479 Juan II. Valencia
Juan II de Valencia gobernó en un período en que el Reino de Valencia enfrentaba tensiones y cambios en la política regional.

1474-1504 Isabel I y Fernando V. Reino de Castilla y León
Isabel I de Castilla y Fernando V de Aragón, conocidos como los Reyes Católicos, tuvieron un reinado marcado por la unión de Castilla y Aragón y la culminación de la Reconquista.

Siglo XVI

1479-1516 Fernando II. Reino de Aragón
Fernando II de Aragón, también conocido como Fernando II el Católico, tuvo un reinado marcado por la unión con Castilla y la consolidación del poder en la península ibérica.

1479-1516 Fernando II. Valencia
Fernando II de Valencia, también llamado Fernando II el Católico, gobernó en un período en que la región experimentó cambios significativos.

1516-1556 Carlos I. Reino de Aragón
Carlos I de España y V de Alemania, también conocido como Carlos V, tuvo un reinado marcado por la extensión de su imperio y los desafíos de la Reforma.

1516-1556 Carlos I. Valencia
Carlos I de Valencia, también llamado Carlos I de España y V de Alemania, enfrentó desafíos en la región en medio de sus responsabilidades imperiales.

1516-1556 Carlos I. Mallorca
Carlos I de Mallorca tuvo un papel en la historia de la isla durante su reinado como parte de su vasto imperio.

1516-1556 Carlos I. Reino de Castilla y León

Carlos I de España tuvo un reinado en el que se unieron las coronas de Castilla, Aragón y otros territorios, formando un imperio global.

1516-1555 Carlos I. Reino de Navarra

Carlos I de Navarra gobernó en un período en que Navarra formaba parte de su imperio, lo que influyó en la política y la historia de la región.

1556-1598 Felipe II. Reino de España

Felipe II de España, hijo de Carlos I, tuvo un reinado en el que mantuvo y gestionó el vasto imperio de su padre.

Siglo XVII

1598-1621 Felipe III. Reino de España
Felipe III de España continuó gobernando el imperio heredado de su padre, Felipe II, en un período de desafíos y cambios.

1621-1665 Felipe IV. Reino de España
Felipe IV de España afrontó desafíos en su reinado, incluyendo conflictos militares y crisis económicas, en medio de un imperio en expansión.

1665-1700 Carlos II. Reino de España
Carlos II de España, también conocido como Carlos el Hechizado, tuvo un reinado marcado por la debilidad política y la lucha por la sucesión.

Siglo XVIII

1700-1714	Felipe V. Reino de España Felipe V de España, nieto de Luis XIV de Francia, se convirtió en el primer monarca de la dinastía borbónica en España.
1724	Luis I de Habsburgo el Bienamado. España Luis I de Habsburgo, conocido como Luis I el Bienamado, tuvo un breve reinado en España que estuvo marcado por las expectativas y desafíos de una nueva dinastía.
1746-1759	Fernando VI de Habsburgo. España Fernando VI de Habsburgo asumió el trono en un momento en que España enfrentaba cambios económicos y sociales, y su reinado se caracterizó por intentos de reforma y estabilización.
1759-1788	Carlos III de Habsburgo. España Carlos III de Habsburgo, también conocido como Carlos III de España, dejó una marca duradera en la historia de España al impulsar reformas en áreas como la administración, la economía y la educación.

Siglo XIX

1788-1808 Carlos IV de Habsburgo. España
Carlos IV de Habsburgo heredó un reino que enfrentaba tensiones internas y externas, incluida la influencia de Napoleón Bonaparte en la política española.

1808-1813 Fernando VII. España
Fernando VII tuvo un reinado tumultuoso marcado por la invasión napoleónica, la lucha por la independencia y la compleja relación con las potencias europeas.

1808-1813 José I. España
José I, hermano de Napoleón Bonaparte, fue instalado como rey de España durante la ocupación francesa, lo que desencadenó una feroz resistencia por parte de los españoles.

1833-1868 Isabel II. España
Isabel II, conocida como «La Reina de los Tristes Destinos», tuvo un reinado marcado por la inestabilidad política, las luchas por el poder y las tensiones entre facciones.

1870-1873 Amadeo I. España
Amadeo I de Saboya fue proclamado rey de España en un intento de estabilizar el país, pero su reinado fue corto y estuvo marcado por la inestabilidad y las tensiones políticas.

1875-1885 Alfonso XII. España

Alfonso XII regresó a España después del breve reinado de Amadeo I y se convirtió en un monarca que buscó reconciliar a las facciones políticas y restaurar la estabilidad.

Siglo XX

1886-1931 Alfonso XIII. España
Alfonso XIII tuvo un reinado que abarcó desde la Restauración hasta la Segunda República Española, y enfrentó desafíos como la pérdida de las últimas colonias españolas y las tensiones políticas internas.

1975-2014 Juan Carlos I. España
Juan Carlos I desempeñó un papel fundamental en la transición a la democracia en España después de la dictadura de Francisco Franco, y su reinado estuvo marcado por cambios políticos y sociales significativos.

Siglo XXI

2014-... Felipe VI. España

Felipe VI asumió el trono en un período en el que España enfrenta desafíos económicos, políticos y sociales, y su papel incluye el mantenimiento de la estabilidad y la representación de la monarquía en tiempos modernos.

Printed in Poland
by Amazon Fulfillment
Poland Sp. z o.o., Wrocław

69735791R00049